AF247113

ASSOCIATION NATIONALE FRANÇAISE
POUR LA
PROTECTION LÉGALE DES TRAVAILLEURS

II

LA

Réglementation hebdomadaire
de la durée du Travail

LE REPOS DU SAMEDI

(Rapports présentés par MM. Ivan STROHL et FAGNOT
dans les séances des 27 février et 27 mars 1903).

PRIX : **60 centimes**

PARIS
FÉLIX ALCAN, ÉDITEUR
108, boulevard Saint-Germain

STATUTS

Art. 1

Il est fondé une *Association nationale française pour la protection légale des travailleurs*. Elle constituera la Section française de l'Association Internationale pour la protection légale des travailleurs. Le siège de l'Association est à Paris.

Art. 2

L'Association nationale pour 'a protection légale des travailleurs se propose de coopérer d'une façon générale à l'œuvre de l'Association internationale et de travailler spécialement à faciliter l'application et les progrès de la législation protectrice des travailleurs en France.

Dans ce but, elle s'efforce :

1° De gagner l'opinion publique à la cause de la législation protectrice des travailleurs à l'aide de conférences, de publications, etc. ;

2° De fortifier l'autorité morale de l'Inspection du travail et de l'aider ainsi dans l'accomplissement de sa mission ;

3° De renseigner les intéressés (ouvriers, patrons, associations professionnelles, etc.) sur le sens et la portée des dispositions de la législation du travail, par l'institution notamment d'un bureau de consultations juridiques ;

4° D'étudier les progrès dont la législation protectrice des travailleurs est susceptible, d'appuyer auprès des pouvoirs publics les modifications législatives dont l'utilité lui aurait paru démontrée ;

5° D'encourager la création de groupements régionaux ou locaux destinés à rendre plus efficace l'action de l'Association dans les diverses régions ou localités.

Art. 3

Sont membres de l'Association les personnes et les Sociétés qui considèrent la législation protectrice des travailleurs comme nécessaire et qui adhèrent aux présents statuts.

Art. 4

La cotisation annuelle est fixée à 10 francs pour les personnes et les sociétés adhérentes.

Elle est réduite à 3 francs pour les personnes et les sociétés adhérentes qui ne demandent pas à recevoir les publications de l'*Office International*.

Art. 5

Tout membre de l'Association qui, trois mois après le rappel du trésorier, n'aura pas acquitté la cotisation, sera considéré comme démissionnaire.

Art. 6

L'Association est administrée par un Comité directeur élu par l'Assemblée des membres.

LA RÉGLEMENTATION HEBDOMADAIRE

DE LA DURÉE DU TRAVAIL

LE REPOS DU SAMEDI

L'application de la loi du 30 mars 1900 aura pour effet de réduire à dix heures, à partir du 1ᵉʳ avril 1904, la durée du travail non seulement des enfants et des femmes, mais aussi des hommes adultes occupés dans les mêmes locaux que ces enfants ou ces femmes.

Un certain nombre d'industriels demandent que, pour faciliter l'introduction du régime nouveau, la loi permette de compter la durée légale du travail par semaine et non pas par jour. Cette proposition a été examinée par l'Association française pour la protection légale des travailleurs dans ses réunions des 27 février et 27 mars 1903. Deux rapports lui ont été présentés : l'un par M. Strohl, l'autre par M. Fagnot.

Rapport de M. Strohl

Pour éviter toute équivoque, je commencerai par une pro-fession de foi : Je suis partisan des lois de protection ouvrière, tout en déplorant que de pareilles lois soient nécessaires, car je prétends que des industriels qui se respectent et comprennent leur rôle social devraient avoir suffisamment à cœur le sort de leurs ouvriers, de leurs collaborateurs, pour rendre l'intervention de l'Etat inutile.

Quelles sont les causes qui ont amené cette intervention ?

Quels sont ses origines, ses principes, les phases par lesquelles elle a passé?

C'est ce que je vais essayer de résumer en quelques mots.

Au Moyen-Age, ce sont les corporations de métiers qui assurent le travail, le débouché, l'existence ; elles sont la sauvegarde, aussi bien des intérêts des consommateurs que de ceux des producteurs, car elles garantissent l'excellence des marchandises et en fixent le prix ; elles exigent de plus des qualités nombreuses et précises des *aspirants-artisans*, des *compagnons* et des *maîtres*.

C'est la « Gilde » qui a le monopole du métier, qui règle la production et les conditions du travail; la concurrence effrénée entre producteurs n'est pas possible : c'est la corporation qui achète les matières premières et les revend à prix uniforme à ses membres. — Il n'y a point de classes, car tous sont travailleurs, et l'ouvrier, aussi bien que celui qui l'emploie, appartiennent à la même condition. — En effet, le maître travaille de ses mains avec ses ouvriers, qu'il admet à sa table et même quelquefois sous son toit pendant la nuit; quant à l'apprenti, le patron doit le loger, le nourrir, l'entretenir, le traiter en enfant de la maison, l'instruire dans la pratique professionnelle et ne pas lui imposer un labeur au-dessus de ses forces.

Les officiers de la corporation surveillent les dispositions réglementaires et maintiennent l'honneur du métier, tant pour ce qui a trait à la qualité des produits fabriqués que pour ce qui regarde les conditions d'aptitude, les jours et les heures de travail ; ce sont eux qui font passer les examens de maîtrise, qui reçoivent le serment du nouveau maître, qui interviennent dans les différends entre patrons et ouvriers, qui placent quelquefois les apprentis et représentent même souvent la corporation dans ses transactions et ses affaires litigieuses.

Sous ce régime, si le travail assurait l'existence, il ne permettait pas d'arriver à la richesse ; mais si l'on ne voyait pas de grandes fortunes, on ne rencontrait par contre pas non plus de grandes misères.

Voilà la première phase ; mais comme partout, comme toujours l'abus commence à naître : les populations rurales, fuyant peut-être l'arbitraire des seigneurs ou attirées par la prospérité des Gildes, se réfugient dans les cités et viennent offrir aux maîtres une foule de bras nouveaux ; elles trouvent à se placer, car les voies de communication sont devenues plus nombreuses, des débouchés nouveaux se sont ouverts et des besoins nouveaux se sont créés. — Il faut donc produire davantage et pour cela employer un personnel plus nombreux ; les maîtres deviennent plus riches et cessent de travailler de leurs mains pour faire travailler, sous leur surveillance, non plus des compagnons, mais des ouvriers. — Le travail, en effet, commence à se décomposer : ce n'est plus, comme autrefois, le même individu qui, comme un artiste, exécute et finit un objet, par lui-même et de toutes pièces : chacun a sa spécialité et ne fait qu'une partie du produit, partie pour laquelle il arrive, par la répétition continuelle du même travail, à une dextérité merveilleuse, à une économie de temps et partant à une productivité plus grande. — C'est la Manufacture. — Dans ce régime, un capitaliste, un maître de corporation enrichi, possède les instruments de travail et fait exécuter pour son compte, quelquefois même plus sous sa surveillance personnelle, mais sous celle d'un délégué payé sur lequel il se décharge de ce soin, les opérations parcellaires que comporte la production d'une marchandise donnée.

Le régime manufacturier devait triompher du régime corporatif par sa productivité plus grande et par l'argent, qui dans toute entreprise est le nerf de la guerre ; la lutte entre les deux régimes a cependant été longue et opiniâtre, et si la victoire a fini par rester à la manufacture, c'est bien aussi grâce à la complicité des pouvoirs publics qui, ayant à compter avec sa puissance et son influence, l'ont favorisée dans les marchés non monopolisés et principalement dans les marchés coloniaux.

Cette victoire, elle est définitivement consacrée par l'abolition de tous les privilèges de profession et par la liberté du travail, proclamée en France en 1791, dans les Pays-Bas en 1794, en Espagne en 1813, en Angleterre en 1802, pour la laine d'abord, et en 1814 pour toutes les autres industries. L'Allemagne et l'Autriche, moins avancées d'ailleurs dans l'industrialisme que les nations voisines, ne suivent que plus tard, à cause de motifs politiques, ce mouvement libéral.

C'est là la seconde étape, la seconde phase dans l'histoire du travail.

Le régime de la manufacture a-t-il été libre ? — Non, du reste on ne pouvait s'y attendre après la sévérité des statuts qui régissaient les corporations. — Aussi voyons-nous, dès les commencements du XVIIIe siècle, c'est-à-dire dès l'extension un peu marquée du régime manufacturier, les gouvernements le placer sous le contrôle d'inspecteurs : en Russie ce sont des commissaires, en Autriche des inspecteurs royaux et impériaux de fabriques, en France des inspecteurs de Manufactures, qui doivent faire des tournées régulières d'inspection dans leurs districts, encourager les entreprises nouvelles, surveiller les différentes branches de l'industrie et du commerce, rassembler les matériaux statistiques, proposer les améliorations requises dans le domaine économique, tenir la main à ce que les règlements de police concernant les maîtres, les ouvriers et les apprentis, soient exactement exécutés, employer les moyens les plus propres à concilier les parties en cas de procès entre elles, etc., etc.

Mais ces inspecteurs furent partout impuissants à remplir la tâche qui leur était dévolue, les grands employeurs trompant leur surveillance ; aussi l'institution fut-elle bientôt abolie : leurs fonctions, du reste, étaient plutôt celles de conseil en vue de l'extension du commerce et de l'industrie, que de protection des travailleurs.

Sous le régime de la manufacture, le nombre des heures de travail augmente, le montant des salaires diminue ; l'habileté créatrice du compagnon, de l'artisan, est remplacée par l'habileté mécanique de l'ouvrier dont le travail est spécialisé ; les femmes et les enfants commencent à entrer dans les ateliers, en petit nombre d'abord, mais au fur et à mesure que les progrès scientifiques s'introduisent dans l'industrie, que l'emploi des moteurs se généralise, que l'outillage se perfectionne et demande de la dextérité plutôt que de la vigueur de la part de l'ouvrier, l'emploi des femmes et des enfants augmente dans de notables proportions.

Les gouvernements ou bien ferment les yeux, ou bien poussent même à cet état de choses : témoin Pitt, qui, à la fin du XVIIIme siècle. disait sans le moindre scrupule aux industriels qui se plaignaient que la guerre enlevât des adultes aux fabriques : « Mais prenez donc des enfants ».

Les conséquences se devinent. — Pour vous en donner une idée, je ne puis mieux faire que de citer ce qu'en dit John Fielden dans son ouvrage « The Curse of Factory system ».

« La machine réclame des doigts petits et agiles. — Aus-
» sitôt naquit cette coutume de se procurer de soi-disant
» apprentis des *Workhouses* appartenant aux diverses
» paroisses de Londres, de Birmingham et d'ailleurs. Des
» milliers de ces pauvres petits abandonnés, de 7 à 13 et
» 14 ans, furent ainsi expédiés vers le Nord. Le maître

» (voleur d'enfants) se chargeait de vêtir, nourrir et loger ses
» apprentis dans une maison *ad hoc*, tout près de la fabrique.
» Pendant le travail ils étaient sous l'œil des surveillants.
» C'était l'intérêt de ces gardes-chiourmes de faire trimer les
» enfants à outrance, car, selon la quantité de produits qu'ils
» en savaient extraire, leur propre paye diminuait ou aug-
» mentait. Les mauvais traitements, telle fut la consé-
» quence naturelle.... Dans beaucoup de districts, principale-
» ment dans le Lancashire, ces êtres innocents, sans amis ni
» soutiens, qu'on avait livrés aux maîtres de fabriques, furent
» soumis aux tortures les plus affreuses. — Épuisés par
» l'excès de travail, ils furent fouettés, enchaînés, tourmen-
» tés avec les raffinements les plus étudiés. — Souvent quand
» la faim les torturait le plus fort, le fouet les maintenait au
» travail. Le désespoir les porta, en quelques cas, au suicide.
» ... Les profits énormes réalisés par les fabricants ne firent
» qu'aiguiser les appétits. Ils imaginèrent la pratique du
» travail nocturne, c'est-à-dire qu'après avoir épuisé un
» groupe de travailleurs par la besogne du jour, ils tenaient
» un autre groupe tout prêt pour le travail de nuit. Les
» premiers se jetaient dans les lits que les seconds venaient
» de quitter au moment même et vice-versâ. C'est une tradi-
» tion populaire dans le Lancashire que les lits ne refroidis-
» saient jamais. »

Le rapport de la loi Peel, publié en 1816, constate que très
souvent des enfants de 5 à 6 ans travaillaient 15 et 16 heures
par jour ; un peu plus âgés, il y en a qui travaillent 24 heures
de suite. A en croire Marx et Engels, on était simplement
revenu au temps de l'esclavage et il existait à Londres un
marché d'enfants.

Les femmes et les jeunes filles n'étaient pas plus épargnées :
on préférait employer celles qui avaient des enfants, qu'on
trouvait plus attentives et plus disciplinables, forcées qu'elles
étaient de travailler jusqu'à extinction pour se procurer les
moyens de subsistance nécessaires.

Les hommes, dont le travail est déprécié par cette concurrence des femmes et des enfants, qui diminue leur emploi,

cherchent à travailler à tous prix, ce qui a pour conséquence une diminution notable de la valeur de la main-d'œuvre.

Si l'on songe encore aux épouvantables conditions de salubrité des ateliers de ce temps, on frémit. Je me souviens toujours de l'apprentissage que j'ai fait, il y a 30 ans, dans une carderie de déchets de soie ; l'air y était tellement chargé de poussières que la lumière des becs de gaz, le soir, ne s'apercevait que comme au travers d'un épais brouillard et que le docteur avait ordonné aux ouvriers, hommes et femmes, de fumer la pipe à l'atelier pour faciliter l'expectoration des poussières qui leur tapissaient les bronches. Mais ce n'est pas à comparer avec ce que rapportent les premiers inspecteurs de fabriques anglais et les Commissions d'enquête instituées dans les différents pays.

La fièvre industrielle était si forte que les gouvernements, ne voyant que le développement de la richesse manufacturière, ne se préoccupaient pas des moyens par lesquels elle s'édifiait trop souvent. Il fallut que ces abus devinssent tels que ce furent des hygiénistes, doublés d'hommes de cœur, qui jetèrent les premiers cris d'alarme.

L'honneur d'avoir éclairé l'opinion publique sur cette plaie sociale appartient aux docteurs Athin et Perceval ; ce sont eux en effet qui, en 1796, entreprirent cette étude en Angleterre et mirent à nu toutes ces horreurs ; le résultat de leur campagne fut que, dès 1802, Sir Robert Peel fit voter par le Parlement la première des lois protectrices ouvrières modernes « pour conserver le moral et la santé des apprentis employés dans les moulins de coton ou de laine. »

Nous entrons dans la troisième phase de l'évolution du travail, phase de pitié pour l'enfant, phase d'humanité et de philanthropie bienveillante : c'est celle dans laquelle nous vivons aujourd'hui, et il n'est plus de pays, pour ainsi dire, qui n'ait sa loi du travail.

Partout la marche suivie a été la même : au début, le législateur s'est attaché à réprimer les abus les plus criants ; après avoir défendu le travail des petits enfants, réglementé celui des enfants plus âgés, mis des entraves à l'exploitation de la femme et au travail de nuit, il impose les jours de repos, règle la question du paiement des salaires, prend des mesures préventives concernant la salubrité et la sécurité des ateliers, délimite la responsabilité des entrepreneurs, étudie l'assurance obligatoire contre les accidents, la maladie, la vieillesse, et enfin met à l'ordre du jour la question de la réglementation internationale du travail. — Le Congrès de Berlin de 1890 est le premier pas fait dans cette voie et l'honneur de cette initiative appartient aux Suisses.

L'intervention des pouvoirs publics est donc pleinement justifiée, selon moi; il ne faut cependant pas qu'elle aille jusqu'à remettre l'ouvrier adulte en tutelle ; il ne faut pas qu'elle risque d'attenter à la plus sainte des doctrines de la Révolution française, celle de la liberté individuelle, mais où il faut que l'État intervienne, où son devoir est d'être sévère, c'est dans la question du surmenage des enfants, et dans celle de l'hygiène, de la salubrité et de la sécurité des ateliers. — Et sous ce rapport, je trouve même que l'on n'est pas allé assez loin et je souhaiterais que la durée du travail journalier fût mesurée davantage aux conditions d'hygiène et de salubrité des ateliers.

Ces lois ouvrières demandent à être très sérieusement étudiées, car elles touchent à des intérêts graves et qu'il s'agit de concilier : ceux de la classe ouvrière et ceux de l'industrie elle-même. — Si l'ouvrier ne doit pas voir diminuer son salaire, il ne faut pas non plus, par des mesures vexatoires ou des charges nouvelles trop fortes, entraver ou risquer d'arrêter même l'industrie dans son essor, car l'industrie est une des richesses nationales, et si elle périclite, où l'ouvrier trouvera-t-il son salaire ?

Il faut aussi que ces lois soient pratiques, d'une application facile et ne prêtant à aucune équivoque. Les lois actuelles remplissent-elles ces conditions ? — C'est ce que nous allons étudier.

La loi du 2 novembre 1892 sur le travail des enfants, des filles mineures et des femmes dans les établissements industriels, avait fixé des journées de travail de durées différentes suivant les différentes catégories d'ouvriers protégés, et l'inconvénient de cette mesure, inspirée cependant d'un sentiment d'humanité très louable, s'est fait immédiatement sentir lorsqu'on voulut l'appliquer.

En effet, dans toutes les industries *mixtes*, c'est-à-dire dans celles qui, comme les industries textiles en général, emploient concurremment des hommes, des femmes, des filles mineures et des enfants, le travail des uns, mesuré aux forces et aux aptitudes de chacun, est solidaire du travail des autres, et toute réduction de la durée de travail d'une partie du personnel entraîne forcément la désorganisation, voire même le chômage d'une fabrication où tout se tient.

C'est à cet inconvénient que le législateur a voulu remédier par la loi du 30 mars 1900, et la modification qu'il a apportée à la loi du 2 novembre 18 2 et, par une conséquence fatale, au décret-loi des 9/14 septembre 1848, a consisté à unifier la durée journalière de travail de toutes les catégories d'ouvriers employés dans les industries mixtes, passant de 11 heures pendant 2 ans, à 10 heures 1/2 pendant 2 nouvelles années, pour arriver ainsi progressivement à 10 h. au bout de 4 ans, c'est-à-dire à l'unification de toutes les catégo. ries d'ouvriers au nombre d'heures de travail prévu par la loi du 2 novembre 1892 pour les enfants et les jeunes gens des deux sexes âgés de moins de 18 ans.

Au point de vue de son application, cette réduction, qui devient générale pour tout le personnel des industries mixtes, ne peut donc plus être accusée, comme la loi du 2 novembre 1892, de désorganiser le travail ; elle a le mérite d'être pratique, de remplir par conséquent une des conditions dont nous parlions plus haut, mais elle peut soulever de la part des industriels l'objection d'augmenter leur prix de revient, par suite de la diminution de production qui doit en résulter, et de compromettre ainsi l'avenir de leur industrie en la mettant dans un état d'infériorité vis-à-vis de la concurrence étrangère, jouissant encore dans d'autres pays d'une latitude plus grande comme durée de la journée de travail.

Si cette objection était fondée, l'industriel pourrait être

tenté de réduire le salaire de ses ouvriers proportionnellement à la réduction de production qui résulterait pour lui de l'application de la loi du 30 mars 1900. Mais alors la protection dont on a voulu faire bénéficier l'ouvrier serait illusoire et irait à l'encontre même des intérêts de cet ouvrier : le législateur admettait donc, en principe, que la réduction des heures de travail ne devait pas entraîner de diminution de salaire et ne pouvait pas compromettre le budget de la famille ouvrière. Implicitement il réglementait donc les salaires.

D'un autre côté, au point de vue du pays même, tomber d'une journée de 12 heures qu'on avait avant la loi du 2 novembre 1892, à la journée de 10 heures, que nous allons avoir le 1ᵉʳ avril 1904 en vertu de la loi du 30 mars 1900, sans pouvoir compenser cette réduction des heures de travail par une intensité plus grande de production, cela équivaudrait à laisser improductif, pendant 2 mois par an, le capital formidable que représente le matériel industriel de tout le pays, et à ne pas faire rendre ainsi, à un des éléments de la richesse nationale, tout ce qu'il peut et doit rendre.

La question qui se pose à nous est donc la suivante :

Peut-on arriver à produire pratiquement en dix heures heures autant qu'on produisait autrefois en douze ?

Nous avons à tenir compte ici des deux facteurs principaux qui régissent la production industrielle ; l'ouvrier et le mécanisme, c'est-à-dire l'outil, et si nous examinons le rôle de chacun d'eux, nous voyons que chacun est la caractéristique d'une industrie bien distincte : l'ouvrier, de l'industrie métallurgique ; la machine, de l'industrie textile.

Dans l'industrie métallurgique, dans les ateliers de construction par exemple, la production n'est pas en rapport direct avec le nombre d'heures de marche du moteur, mais avec la somme de travail même de l'ouvrier. — La machine n'est donc plus que l'auxiliaire de l'ouvrier pour certains travaux spéciaux, et ce qui produit, c'est l'effort physique et intellectuel de l'homme. — Si vous le surmenez par une présence trop longue à l'atelier, par un trop grand nombre d'heures de travail, vous perdez en production au lieu d'y gagner, et c'est ce dont bien des patrons se sont rendu compte, car nombreux sont ceux, dans la construction, qui ne font faire à leurs ouvriers que des journées de 10 ou 11 heures.

Leur intérêt leur a donc déjà dicté de faire ce que la loi du 30 mars 1900 leur demande aujourd'hui, et encore cette loi ne les touche-t-elle qu'à cause du travail en commun avec les apprentis, c'est-à-dire avec les jeunes gens âgés de moins de 18 ans, car les hommes adultes, employés seuls, sont encore sous le régime de la loi de 1848, de la journée de 12 heures.

Tout autre est la question s'il s'agit de l'industrie textile, dans laquelle l'ouvrier n'a, pour produire, aucun effort musculaire à faire, pas plus que d'effort intellectuel, car c'est la machine, c'est l'outil qui produit, et le rôle de l'ouvrier se borne à surveiller cette machine et son bon fonctionnement.

Qu'est-ce qui limite donc la production ? Est-ce la dépense de forces de l'ouvrier ? Non, c'est uniquement la vitesse de la machine multipliée par le nombre de minutes que le moteur la fait fonctionner.

L'attention et le soin de l'ouvrier y contribuent aussi pour une certaine part, plutôt en ce qui concerne la qualité du produit, car, pour la quantité, je ne crois pas que la bonne volonté de l'ouvrier puisse jamais arriver à compenser les 2 heures en moins par jour que le moteur pourra fonctionner.

Peut-on arriver à compenser cette diminution des heures de travail du moteur par une augmentation de la vitesse propre du moteur et, par conséquent, des transmissions et des différentes machines qu'il actionne ? Oui, mais dans certains cas seulement et avec un matériel perfectionné.

Si nous avions conservé notre ancien moteur, nos anciennes transmissions et nos anciens bâtiments (car les bâtiments aussi demandent à être appropriés à ce nouveau travail), nous n'aurions jamais pu arriver, lors de l'application de la loi du 2 novembre 1892, c'est-à-dire de la réduction à 11 heures du travail des femmes, sanctionnée pour tout le personnel ouvrier dans les industries mixtes par la loi du 30 mars 1900, nous n'aurions pu arriver, dis-je, à produire en 11 heures autant qu'en douze, et ce n'est que grâce à une dépense considérable d'outillage que nous avons pu maintenir notre production journalière et les salaires de nos ouvriers.

Nous avons donc dû engager de nouveaux capitaux dans notre industrie, d'où accroissement de charges. Vous me direz que si nous avons mis un supplément de capitaux dans notre affaire, c'est que nous en avions les moyens et que le législateur, qui veut réprimer des abus et s'opposer au surmenage des enfants et des mères de famille, n'a pas à s'inquiéter de la diminution plus ou moins sensible des bénéfices du patron. Mais si nous n'avions pas pu le faire, ou que l'ayant fait nous n'ayons pu supporter ce surcroît de charges et ayons été obligés de liquider, c'était, dans le premier cas, le renvoi de 160 ouvrières et plus de 100.000 francs de salaires par an en moins pour une population totale de 2.200 âmes, et, dans le second, la fermeture complète de l'établissement et la misère pour toute une vallée qui n'a d'autre gagne-pain que le travail que nous pouvons lui donner, car nous n'avons pas de ligne de chemin de fer et le centre industriel le plus rapproché est à 16 kilomètres.

Nous avons passé à ce moment par une crise dont je me souviendrai longtemps et dont nous n'avons pu nous tirer que par un sacrifice énorme ; voilà une des conséquences économiques de la suppression du travail de nuit et de la réduction des heures de travail.

Le capital engagé dans une industrie court de ces risques et pourtant il a droit, comme le travail, à une rémunération équitable, car il fournit l'outil dont l'ouvrier a besoin pour gagner son salaire ; cet outil s'use, cette machine demande à être remplacée : il faut donc l'amortir ; ce capital travaille : il doit donc être payé.

On nous cite ce qui s'est passé en Angleterre, où, depuis la réduction du travail à dix heures, on est arrivé à produire autant et même plus qu'autrefois, mais cette réduction s'est faite en 1847, et elle a provoqué alors une transformation complète de l'outillage qui, aujourd'hui, est tellement perfectionné qu'il ne nous est guère permis d'espérer trouver des perfectionnements nouveaux, qui rétablissent l'équilibre de notre prix de revient compromis par la réduction des heures de travail.

Une réglementation inconsidérée du travail peut aussi avoir des conséquences graves au point de vue international. Il est évident, en effet, qu'un pays, dont la production industrielle ne pourra plus lutter contre l'étranger à cause des lois qui la réglementent, cherchera à compenser cette infériorité par une augmentation des droits de douane, et c'est là une mesure bien souvent funeste au point de vue des relations extérieures ; des prétentions douanières exagérées appellent des représailles et ces représailles peuvent compromettre le commerce d'exportation d'un pays.

Insister sur ces conséquences économiques nous entraînerait trop loin de notre sujet ; bornons-nous à étudier s'il y a des moyens qui permettent à l'industriel de maintenir ses prix de revient, malgré la réduction des heures de travail, autrement que par une réduction proportionnelle des salaires, et quels sont ces moyens.

Je vous disais plus haut que nous étions arrivés, lors de l'application de la loi du 2 novembre 1892, à produire en 11 heures autant qu'en 12, grâce surtout à l'installation d'un nouveau moteur et de transmissions nouvelles. C'est grâce encore au même moteur, qui est peut-être l'un des plus perfectionnés que l'industrie emploie aujourd'hui, et grâce aux mêmes transmissions qui ont pu supporter encore une augmentation de vitesse, que nous sommes arrivés à produire depuis le 1ᵉʳ avril dernier, c'est-à-dire depuis la mise en vigueur de la seconde période prévue par la loi du 30 mars 1900, en 10 heures 1/2 autant qu'en 11 heures.

Cette intensité plus grande de production est donc possible, dans une certaine mesure, mais possible seulement avec un matériel remplissant certaines conditions. Les industriels qui ont un vieux matériel, des moteurs de modèles plus ou moins anciens, ne peuvent y arriver, et c'est pour cela qu'ils ont tenté de réduire les salaires de leurs ouvriers proportionnellement à la réduction des heures de travail, ce qui a forcément amené des grèves.

Pourrons-nous arriver à maintenir encore cette production lorsque nous n'aurons plus que 10 heures de travail par jour, l'année prochaine?

Je ne le crois pas, car, malgré notre matériel perfectionné, nous sommes au bout des vitesses possibles et compatibles avec la sécurité du personnel et la qualité exigée du produit fabriqué. Je ne crois pas non plus que l'ouvrier puisse compenser cette perte de production d'une demi-heure par jour par plus d'attention, plus de zèle ; mais il y aurait peut-être un moyen de rendre cette diminution de production moins sensible à l'industriel et de permettre à ce dernier de rétablir à peu près l'équilibre de son prix de revient, sans que ce soit au détriment du salaire de ses ouvriers.

Ce moyen consisterait, au lieu de réduire le travail à dix heures par jour, soit donc à 60 heures par semaine, de le réduire à 60 heures par semaine avec un maximum de onze heures par jour pendant cinq jours et de cinq heures seulement le sixième jour.

Industriels et ouvriers y trouveraient leur compte

Les industriels, en effet, réaliseraient d'abord par cette combinaison une économie de combustible, car, que la machine marche une heure de plus, une fois qu'elle est bien en train, que les générateurs sont sous pression, ce n'est pas cela qui fait une grande consommation de combustible, tandis que l'arrêt du moteur pendant une demi-journée entière se traduit de suite par des chiffres très appréciables.

D'un autre côté, ils pourraient faire faire, le samedi après-midi, les réparations et travaux qu'on ne peut exécuter que pendant l'arrêt complet de l'usine et qu'on était obligé de faire maintenant les dimanches ; or, comme les travaux du dimanche se paient plus cher que ceux de la semaine (le tarif est généralement de 50 % plus élevé et va même quelquefois au double), il y aurait de ce chef encore une économie.

Toutes ces économies permettraient donc de payer les mêmes salaires aux ouvriers, même si on n'arrivait pas en 60 heures, comme je le crains, à la même production qu'en 66 ou 63 heures.

N'ayant pu me rendre compte, par un essai de un ou deux mois, de la différence de production et de prix de revient que donneraient, comparativement au travail actuel de 63 heures par semaine ou dix heures 1/2 par jour, le travail de 60 heures par semaine avec 10 heures par jour et celui de 60 heures par semaine avec 11 heures pendant 5 jours et arrêt de la demi-journée le samedi, j'ai dû me borner à des estimations théoriques, mais je crois qu'en payant pour 60 heures les mêmes salaires qu'actuellement pour 63 heures par semaine, la distribution du travail que je préconise permettrait à l'industriel :

1) de retrouver environ 50 % du sacrifice qu'il aurait consenti par l'économie de combustible résultant de l'arrêt du moteur pendant la demi-journée du samedi ;

2) d'en retrouver encore 25 % en faisant faire le samedi après-midi, au tarif ordinaire, les travaux de réparation faits actuellement le dimanche au tarif majoré.

Il ne resterait donc à la charge de l'industriel qu'un sacrifice relativement petit et qu'il pourrait probablement supporter avec un peu de bonne volonté, d'autant plus que l'ouvrier, voyant le patron lui maintenir pour 60 heures le même salaire que pour 63 heures, y mettrait aussi un peu du sien et chercherait, par plus de zèle, à réaliser dans ces 60 heures le maximum de production possible.

Cette demi-journée du samedi aurait aussi pour les ouvriers de grands avantages : une heure ou une demi-heure de plus de liberté le soir ne leur sert pas à grand chose ; sans parler de la tentation qu'ils peuvent avoir d'aller passer cette demi-heure au cabaret. Ils ne peuvent pourtant plus, à la sortie de l'usine, s'occuper bien utilement en hiver, lorsqu'il fait nuit de bonne heure, et plus tôt ils quittent la fabrique, plus tôt ils sont obligés d'allumer leur lampe et leur poêle, ce qui coûte toujours quelques centimes. Or, toute dépense, si minime qu'elle soit, est à mettre en ligne de compte dans un budget ouvrier.

Au contraire, une après-midi entière de liberté permet à la femme de faire une lessive, de raccommoder à la lumière du jour le linge de la famille, et au père de s'occuper de jardinage, de préparer la provision de bois de la semaine, en un mot de faire œuvre utile au bien-être du ménage.

Je crois donc qu'on pourrait rendre la loi du 30 mars 1900 bien plus pratique en y ajoutant une disposition permettant à l'industriel de choisir, soit le travail de 10 heures pendant les 6 jours ouvrables de la semaine, soit le travail de onze heures par jour pendant 5 jours et de 5 heures le sixième jour, les deux modes donnant le même total de 60 heures de travail par semaine, c'est à-dire le maximum fixé par la loi à partir du 1er avril 1904.

L'industriel serait tenu de déclarer à l'Inspecteur du travail le mode de répartition du travail qu'il aurait adopté, et ce choix une fois fait, il ne pourrait plus le modifier à son gré.

Il est probable que l'industrie métallurgique s'en tiendrait aux 10 heures de travail par jour, mais que l'industrie textile, dans laquelle, ainsi que nous le disions plus haut, la production se trouvera forcément réduite par la diminution des heures de travail, adopterait la distribution des 60 heures par semaine avec un maximum journalier de onze heures pendant 5 jours, car cette distribution lui permettra de rétablir environ l'équilibre de son prix de revient, non pas par une réduction de salaire proportionnée à la réduction des heures de travail, mais par l'économie de combustible et de la main-d'œuvre du dimanche qu'il peut réaliser par ce système.

De plus, si cette disposition additionnelle de la loi ménage davantage les intérêts des industriels, elle assure aux ouvriers le même nombre d'heures de loisir, mais des heures de loisir que l'ouvrier et l'ouvrière pourront mieux utiliser en vue du bien-être de leur famille; je crois aussi que cette disposition ferait tomber la plupart des objections que l'application de la loi du 30 mars 1900 a déjà soulevées et menace de soulever encore au 1er avril 1904.

Industriels, si notre devoir est de nous conformer aux lois et de les appliquer dans nos établissements, notre droit est de demander que ces lois soient industriellement pratiques et ne désorganisent pas le travail : il ne faut pas que la protection légale des travailleurs aille à l'encontre des intérêts vitaux de l'industrie, de ceux du pays et de ceux même de la classe ouvrière qu'on veut protéger, et c'est là que notre Association nationale peut utilement intervenir.

Rapport de M. Fagnot

Par la voix autorisée des Chambres de commerce et de l'Union nationale des syndicats patronaux de l'industrie textile, les industriels demandent au législateur de modifier sur un point important les lois des 2 novembre 1892 et 30 mars 1900.

Vous savez que, par application de cette dernière loi, la durée du travail des hommes adultes, des femmes et des enfants, occupés dans les mêmes locaux, est uniformément fixée à 10 heures et demie par jour depuis le 1er avril 1902 et que cette durée sera réduite à 10 heures par jour à partir du 1er avril 1904, époque où la loi de 1900 recevra son plein effet.

Or, les industriels voudraient, pour rendre la réglementation légale moins gênante et plus souple, que les heures de travail fussent comptées par semaine et non plus par jour. Acceptant une durée totale de soixante heures par semaine — point capital sur lequel il nous paraît d'ailleurs impossible que le législateur puisse revenir — les industriels proposent le régime de travail suivant : onze heures par jour pendant cinq jours et cinq heures seulement le sixième jour.

En d'autres termes, et pour employer une formule plus conforme aux habitudes de l'industrie : journée de onze heures pendant les cinq premiers jours de la semaine civile, journée de cinq heures seulement le samedi et repos complet le dimanche.

La proposition a déjà été soumise au Parlement, à deux époques différentes : en 1892 et 1900.

Le deuxième paragraphe de l'ancien article 3 de la loi du 2 novembre 1892 était ainsi conçu :

« Les jeunes ouvriers ou ouvrières de 16 à 18 ans ne peuvent être employés à un travail effectif de plus de 60 heures par semaine, sans que le travail journalier puisse excéder onze heures. »

S'appuyant sur ce paragraphe, M. Malartre demanda à la Chambre des Députés (séance du 29 octobre 1892) que la durée du travail des enfants de 13 à 16 ans fût également fixée à 60 heures par semaine et non pas à dix heures par jour. De cette façon, disait M. Malartre, les enfants travailleraient onze heures par jour pendant les 5 premiers jours de la semaine, comme les jeunes gens et les femmes ; le samedi, les enfants et les jeunes gens se reposeraient pendant l'après-midi.

Après un très court débat, la proposition de M. Malartre ne fut pas adoptée.

Pendant les travaux parlementaires qui ont préparé la loi de 1900, la proposition fut l'objet d'une discussion moins sommaire. Soumise par M. l'abbé Lemire à la Chambre des Députés (séance du 21 décembre 1899), elle fut combattue par le gouvernement et par la commission. « Son adoption, dit le rapporteur, aurait pour résultat de ruiner complètement l'économie de la loi qui vous est soumise. C'est le principe de la journée de dix heures que nous avons voulu inscrire dans la loi, c'est le terme auquel nous voulons aboutir. Or, si l'on organisait la semaine ouvrière comme vous l'indiquait notre honorable collègue, ce serait l'obligation pour l'enfant de faire toujours des journées de onze heures et c'est ce que nous ne voulons pas. »

Mis aux voix, l'amendement de M. l'abbé Lemire fut repoussé par 378 voix contre 138.

Reprise au Sénat (séance du 26 mars 1900) par M. le comte de Blois, la proposition, combattue par le Ministre du Commerce, fut repoussée à mains levées.

Le Parlement était donc, en 1900, comme en 1902, hostile à une limitation hebdomadaire de la durée du travail. Mais notons-le bien, le régime proposé devait s'appliquer à tout le personnel protégé et imposer à celui-ci la journée de onze heures en échange d'un repos pendant l'après-midi du samedi.

Pourtant, cette limitation hebdomadaire, réclamée avec insistance par les patrons, surtout depuis l'année dernière, n'est pas une innovation. Pour défendre leur proposition, les patrons peuvent, en effet, s'appuyer sur deux faits : 1° la limitation hebdomadaire est inscrite dans la loi anglaise ; 2° dans la plupart des industries textiles du centre et du sud-est de la France, le personnel ne travaille pas pendant l'après-midi du samedi.

En Angleterre, la loi du 17 août 1901 (qui n'est qu'une codification des lois antérieures en ce qui touche la durée du travail) établit le régime de travail suivant pour les femmes et les adolescents :

a) dans les fabriques textiles, la journée est de 10 heures pendant les cinq premiers jours de la semaine et de cinq heures le samedi, soit 55 heures de travail par semaine (art. 24 de la loi) :

b) Dans les fabriques non textiles et dans les ateliers, la journée est de dix heures et demie pendant les cinq premiers jours de la semaine et de sept heures et demie le samedi, soit 60 heures de travail par semaine (art. 26 de la loi).

La limitation hebdomadaire et le repos de l'après-midi du samedi sont donc une règle légale dans l'un des principaux pays de l'Europe.

A ce propos, quelques brèves observations s'imposent.

L'obligation du repos le samedi après-midi, inscrite dans la loi anglaise, est une conséquence des croyances d'après lesquelles, en Angleterre, le dimanche doit être consacré aux pratiques religieuses.

En France, la situation est tout autre. Depuis longtemps, la grande majorité des citoyens exige que la loi ne serve plus d'aucune manière les intérêts religieux ; et toute proposition cherchant à favoriser ces intérêts sera, pour ce motif même, repoussée par le législateur. Qu'on l'approuve ou qu'on le regrette, c'est un fait. Cependant, à l'heure actuelle, beaucoup de libres-penseurs estiment, pour des raisons d'ordre social, que la loi peut interdire tout travail le dimanche. Le vœu émis sur ce point par le Conseil supérieur du Travail, en 1901, en est une preuve.

D'autre part, et pour répondre d'un seul mot aux arguments tirés de la concurrence étrangère, argument dont on abuse vraiment, il faut constater qu'en Angleterre la durée du travail est beaucoup moins longue que dans notre pays. La loi anglaise fixe la durée du travail des femmes et des adolescents à 55 heures par semaine, à raison de 10 heures par jour, dans les industries textiles et à 60 heures par semaine, à raison de 10 heures et demie par jour, dans les autres industries. Mais la loi, en Angleterre comme partout, est en retard sur les mœurs sociales. Dans la pratique, la journée de neuf heures, ou plus exactement la semaine de 54 heures est un fait général non seulement pour les femmes et les adolescents, mais aussi pour les hommes ; on pourrait même citer de nombreuses professions où la durée du travail n'est que de 50 heures par semaine. En réalité, la France, à cet égard, est en retard d'un demi-siècle sur l'Angleterre.

Quoi qu'il en soit, la loi anglaise — pour ne citer que ce seul pays industriel — prescrit la limitation hebdomadaire du travail et le repos de l'après-midi du samedi. C'est un argument favorable à la proposition des industriels français et ce n'est pas nous qui chercherons à en diminuer la portée.

Les industriels appuient leur proposition sur un second fait de réelle importance. Le repos de l'après-midi du samedi est en usage, depuis de longues années, dans les industries textiles du Centre et du Sud est du pays. Dans les filatures et moulinages de soie des quatre départements de l'Ardèche, Drôme, Gard et Vaucluse, 14.000 ouvriers (500 hommes, 8.500 femmes et 5.000 enfants de moins de 18 ans), occupés dans plus de 300 établissements, ne travaillent pas le samedi après-midi.

Or, la loi du 30 mars 1900, il faut le reconnaître, menace de faire disparaître cette coutume. Voici les déclarations de la Chambre de Commerce d'Aubenas (Ardèche) à ce sujet :

« Depuis longtemps déjà, les ateliers de soie de la région ne travaillent que 60 heures par semaine, mais l'ancienne législation autorisant un travail de 11 heures par jour, il suffisait de 5 heures le samedi pour compléter ces 60 heures hebdomadaires.

» Le nouveau régime n'autorise que 10 h. 1/2 par jour. Il reste donc 7 h. 1/2 de travail pour le samedi. Les ouvriers quittent l'usine ce jour-là beaucoup plus tard et nombre d'entre eux, qui pouvaient autrefois se rendre dans leurs familles, malgré de longues distances à parcourir, ne pourront maintenant y songer pendant 8 mois de l'année et surtout pendant la mauvaise saison.

» Cette légitime satisfaction leur sera même totalement refusée si l'application de la loi suit son cours et si, la durée du travail journalier se réduisant à 10 heures, ils doivent encore 10 heures le samedi pour achever leur semaine.

» Quant à cette somme de travail hebdomadaire, il est de toute évidence que l'on ne peut songer à la réduire ».

Le repos de l'après-midi du samedi est également en usage depuis une vingtaine d'années dans les fabriques de cotonnades, les tissages de soie, de coton et de toile de six départements de la région lyonnaise : Rhône, Loire, Isère, Ain, Savoie et Puy-de-Dôme. 6.000 hommes, 13.000 femmes et 4.000 enfants, soit 23.000 ouvriers occupés dans 120 établissements, ne travaillent pas pendant tout ou partie de l'après-midi du samedi.

La loi de 1900 menace cet usage au point qu'elle y a provoqué l'an dernier une grève des 8.000 ouvriers des fabriques de cotonnades de Roanne et des environs. Voici la relation de cette grève d'après le Bulletin de l'Office du Travail :

« Lors de la fixation de la durée de la journée de travail à 10 heures 1/2, par application de la loi du 30 mars 1900, les patrons avaient annoncé leur intention de faire travailler la journée pleine du samedi pendant l'hiver, en invoquant les nécessités de la production et de la concurrence. Les ouvriers avaient aussitôt protesté contre cette mesure en disant que l'abaissement de la durée de travail ne pourrait nullement mettre en état d'infériorité les industriels de Roanne, attendu que la même réduction avait eu lieu chez leurs concurrents, de sorte que les conditions restaient les mêmes que précédemment pour chacun ; qu'il n'y avait pas nécessité de les faire travailler l'après-midi du samedi, puisqu'un nombre de métiers assez important était arrêté dans la plupart des usines, et qu'il suffirait de les faire marcher pour obtenir une production encore plus forte que celle fournie par les heures de travail de l'après-midi du samedi ; que plusieurs d'entre eux ne conduisaient plus qu'un métier depuis quelque temps, alors qu'autrefois ils en conduisaient deux, ce qui permettait d'arriver à un rendement bien plus fort ; enfin qu'ils n'avaient jamais refusé de travailler le samedi quand, pour livrer plus vite une commande pressante, le patron avait fait appel à leur bonne volonté.

« Les patrons ayant maintenu leur décision de faire travailler le samedi après-midi à partir du 1er octobre, les tisseurs ne se présentèrent pas à la reprise de 2 heures, le 4 et le 11 octobre. Pour vaincre cette résistance, quelques industriels congédièrent, le lundi 13, un certain nombre de leurs ouvriers, considérés comme meneurs. Ces renvois déterminèrent aussitôt la grève de 3.000 ouvriers. Le nombre des grévistes alla chaque jour en augmentant ; il atteignit 8.000 dans 20 établissements, à la fin de la semaine.

« Dès le premier jour, le juge de paix prit les mesures prescrites par la loi de 1892 pour opérer le rapprochement des parties. Un comité de conciliation se réunit le 18 et le 20 ; les délégués des deux parties convinrent de soumettre à leurs mandants la proposition suivante :

« Le chômage du samedi soir reste acquis. Lorsque la journée sera de 10 heures, c'est-à-dire à partir de 1904, les ouvriers s'engagent à travailler 10 h. 1/2 pendant tout le temps que pourra accorder le ministre. Les ouvriers renvoyés seront réintégrés, soit chez leurs patrons, soit dans un autre tissage.

« Les patrons repoussèrent cette proposition et lui opposèrent la suivante :

« Ou travailler le samedi soir pendant six mois ou obtenir, d'un commun accord, des pouvoirs publics, l'autorisation de faire une demi-heure supplémentaire pendant 120 jours chaque hiver, tant que la loi actuelle sera en vigueur.

« Cette décision entraîna la continuation de la grève.

« Cependant le lundi 27 octobre, deux industriels qui avaient offert à leurs ouvriers de maintenir la journée de 10 h. 1/2 et de travailler l'après-midi du samedi pendant 12 semaines seulement, rouvrirent leurs usines et 4.000 ouvriers reprirent le travail.

« Cette solution transactionnelle fut peu à peu adoptée dans les autres tissages, et, le 5 novembre, la grève était terminée, sauf dans un établissement, où avait été soulevée la question de tarif. »

La grève des ouvriers de Roanne prouve que les travailleurs qui jouissent d'un repos le samedi après-midi tiennent absolument à le conserver. Et nous devons reconnaître que la loi de 1900 a porté préjudice aux ouvriers de Roanne, puisque dorénavant, et par suite de la transaction qui a mis fin à la grève, ils devront travailler pendant l'après-midi de 12 samedis sur les 52 samedis annuels.

Sans tenir compte des établissements disséminés un peu partout en France, où les ouvriers ne travaillent pas non plus le samedi après-midi, 37.000 ouvriers de fabriques textiles jouissent donc de ce repos auquel ils tiennent absolument. Ce fait fortifie singulièrement la proposition des industriels; ce n'est pas sans raison qu'ils reprochent à la loi de 1900 de n'être pas assez souple, puisque son application a déjà compromis un usage que les ouvriers entendent conserver, usage qui sera très menacé le 1er avril 1904 si la loi n'est pas amendée avant cette date prochaine.

Etant donnés ces faits et leurs conséquences, l'Association pour la protection légale des travailleurs doit-elle s'associer à la proposition patronale? Doit-elle demander au législateur de prendre la mesure très grave qui consiste à amender une loi aussi bienfaisante, en somme, pour l'ouvrier que la loi du 30 mars 1900 ?

Avant de répondre à cette question, qui constitue le fond même de ce débat, nous tenons à déclarer qu'à notre avis le législateur devra prendre l'avis des travailleurs avant de résoudre le problème posé par les patrons. Trop longtemps on s'est borné à consulter les patrons quand il s'agissait, comme en l'espèce, de mesures intéressant plus les ouvriers que les patrons. Le progrès social ne serait qu'un mot si l'on suivait encore ces errements. Quand les ouvriers présentent une demande aux pouvoirs publics, ceux-ci prennent l'avis des patrons. De même, les ouvriers doivent être consultés lorsque la proposition émane des patrons. Nous sommes heureux de nous rencontrer sur ce point avec la Chambre de Commerce de Belfort, celle même qui a pris l'initiative de la proposition que nous examinons.

Au surplus, nous aurons pleine satisfaction, car la proposition patronale doit être discutée par le Conseil supérieur du Travail, en novembre prochain. Or, le Conseil supérieur du Travail, pour chaque question qui lui est soumise, fait toujours une enquête auprès des diverses organisations du travail et permet ainsi aux ouvriers, comme aux patrons d'ailleurs, de faire connaître leur opinion.

En ce qui concerne le repos de l'après-midi du samedi, le service de l'inspection du travail, en ce moment même, recueille des documents et consulte les intéressés en attendant l'enquête directe du Conseil supérieur du Travail. Déjà, l'attention des syndicats ouvriers est attirée sur la question. Le secrétaire de la Fédération des Bourses du Travail, M. Yvetot, vient d'adresser une circulaire à toutes les Bourses du Travail. Plusieurs journaux professionnels et notamment la *Voix du Peuple*, organe de la Confédération générale du travail, ont commencé l'examen de la proposition patronale. Avant la fin de l'année, le législateur, qui sait déjà que les ouvriers de fabriques textiles dont nous venons de parler demandent à conserver la coutume du repos de l'après-midi du samedi, connaîtra, en outre, l'opinion du monde ouvrier, en même temps que l'avis du Conseil supérieur du Travail.

Dans ces conditions, l'avis que l'Association pour la protection légale des travailleurs émettra aujourd'hui sera moins une opinion définitive qu'une manière de poser nettement le problème. La meilleure manière de poser un problème est, en effet, de lui donner une solution, même provisoire.

Maintenant, il faut circonscrire très exactement la question. A l'exemple du projet de loi qui vient d'être déposé en Suisse, on pourrait fort bien proposer le repos de l'après-midi du samedi, sans toucher à la durée du travail des autres jours ouvrables. La proposition aboutirait, dans ce cas, au régime de travail suivant, à partir du 1" avril 1904 : journée de dix heures pendant cinq jours et journée de cinq heures, par exemple, le samedi, soit cinquante-cinq heures de travail par semaine.

La question ainsi posée serait fort intéressante, mais elle soulèverait certainement un débat prolongé devant le Parlement. Or, il s'agit d'une réforme immédiate. Il s'agit de modifier la loi de 1900, avant le 1" avril 1904, époque où elle va produire tout son effet.

Dans ces conditions, nous sommes tenus, à mon avis, d'accepter le nombre total des heures de travail fixé par la loi de 1900, c'est-à-dire 60 heures par semaine. Et, pour rester sur un terrain pratique, nous devons nous borner à rechercher une répartition de ces 60 heures qui assure le repos de l'après-midi du samedi sans prolonger outre mesure la durée du travail pendant les cinq autres jours de la semaine. En second lieu, nous devons choisir entre un régime s'appliquant à tous les établissements industriels et un régime simplement facultatif.

Nous allons proposer à l'Association d'émettre un vœu favorable à la limitation hebdomadaire de la durée du travail et au repos de l'après-midi du samedi, sous la réserve que ce régime nouveau sera purement facultatif. Dans les établissements où il sera librement pratiqué, ce régime aura des avantages sérieux pour les travailleurs. Les ouvriers des industries textiles qui jouissent actuellement du repos de l'après-midi du samedi pourront conserver cet usage. Dans les autres établissements, les industriels et les ouvriers qui le voudront pourront établir ce régime après s'être mis d'accord entre eux. En un mot, la loi sera plus souple et permettra un repos continu d'un jour et demi par semaine.

Mais ce régime doit entraîner une réforme dont cette assemblée ne manquera pas d'apprécier le prix. Il s'agit de la réglementation uniforme de la durée du travail pour les hommes adultes comme pour les femmes et les enfants. Cette réglementation uniforme doit être la condition même de notre adhésion à la proposition patronale. Il n'est pas besoin d'insister sur les difficultés provenant de l'expression « mêmes locaux » contenue dans l'article 2 de la loi de 1900. On sait que ces difficultés sont inextricables par suite de la jurisprudence de la Cour de cassation et que la loi de 1900, malgré le vœu du législateur, ne peut pour ainsi dire plus protéger les hommes adultes travaillant avec des femmes ou des enfants. La réglementation uniforme pour tous les travailleurs d'un même établissement et l'application de l'horaire du travail aux hommes adultes sont les moyens propres à mettre un terme à la situation contradictoire où nous sommes. Par conséquent, si nous acceptons la proposition des industriels, c'est à la condition que la modification demandée à la loi de 1900, en ce qui touche la limitation hebdomadaire, assure en même temps, au moins dans les établissements qui adopteront ce régime, la réglementation uniforme des heures de travail pour tout le personnel, et permette ainsi, en définitive, d'appliquer la loi du 30 mars 1900 dans son véritable esprit.

Au surplus, tout en approuvant le principe de la proposition patronale, il nous est impossible d'accepter complètement le régime de travail qu'elle indique. Nous ne pouvons pas admettre que la journée de onze heures puisse être rétablie. La journée de dix heures et demie est actuellement en vigueur. Pour nous, le fait acquis est irrévocable. Nous croyons d'ailleurs que le législateur refusera nettement de suivre les patrons jusque-là. Par la loi de 1900, il n'y a pas le moindre doute sur ce point, le législateur a entendu dire que le travail des femmes et des enfants ne pouvait pas excéder dix heures par jour. A ses yeux, dix heures constituent la durée normale du travail.

Partageant absolument cette opinion, ayant fait des vœux et des efforts pour la faire passer dans la loi, nous serions en contradiction avec les principes mêmes de l'Association pour la protection légale des travailleurs si nous demandions aujourd'hui le rétablissement de la journée de onze heures. Il ne peut donc être question ici de toucher au principe de la journée de dix heures. On peut seulement lui faire souffrir quelques exceptions, afin de mieux adapter la loi aux nécessités des différentes industries et aux coutumes des travailleurs.

Donc, la journée de dix heures reste la durée normale du travail pour tout le personnel des établissements mixtes, conformément à la loi de 1900. Exceptionnellement, les patrons et les ouvriers, après s'être mis d'accord sur ce point, auront la faculté de conserver la durée actuelle du travail, soit dix heures et demie par jour, sans que la durée totale de la semaine puisse dépasser 60 heures pour tout le personnel. Dans ce régime, purement facultatif et, par conséquent, expérimental, le travail serait ainsi organisé : journée de 10 h. 1/2 pendant les cinq premiers jours de la semaine et journée de 7 h. 1/2 le samedi.

En conséquence, nous soumettons à l'Association le vœu suivant :

L'Association pour la protection légale des travailleurs se déclare partisan de la limitation hebdomadaire du travail et du repos de l'après-midi du samedi, aux conditions suivantes :

A. — La durée totale du travail ne dépassera pas 60 heures par semaine;

B. — La journée de travail des cinq premiers jours de la semaine ne dépassera pas dix heures et demie;

C. — La journée du samedi ne dépassera pas sept heures et demie. Le dimanche, il y aura repos complet;

D. — Ce régime de travail doit être purement facultatif pour les ouvriers comme pour les patrons;

E. — Il sera autorisé, pour chaque industrie dans chaque

région, par le ministre du commerce, après avoir consulté :

1° Les patrons et les ouvriers ou leurs représentants qualifiés ;

2° La Commission supérieure du travail dans l'industrie.

F. — Dans les établissements industriels où ce régime sera établi, les heures de travail seront les mêmes pour les hommes adultes, les femmes et les enfants.

**

Les rapports de MM. Strohl et Fagnot ont donné lieu à une longue discussion, à laquelle nous empruntons les observations suivantes :

M. Strohl insiste sur l'économie réalisée par son système et dont l'industriel peut profiter, sans que l'ouvrier ait à s'en plaindre. La réforme doit coûter à l'établissement que dirige M. Strohl 24 ou 25.000 francs. Avec le système qu'il préconise, la charge serait diminuée des trois quarts. Le système de M. Fagnot, au contraire, ne réalise aucune économie.

D'ailleurs, il est bien entendu, ajoute M. Strohl, que les ouvriers seront consultés et laissés libres d'opter pour le système qui leur agréera le plus.

M. Fagnot répond que l'intérêt du mode qu'il préconise est qu'il n'implique aucun recul dans la législation. Il maintient le *statu quo* tout en donnant un moyen de franchir plus aisément le dernier palier de la loi de 1900.

Ce régime serait d'ailleurs facultatif ; il ne constituerait qu'une dérogation à la loi de 1900, dérogation qui ne serait accordée que dans des conditions très rigoureuses.

C'est l'industrie textile qui demande cette dérogation à la loi ; or, dans l'industrie textile, les syndicats ouvriers sont extrêmement peu développés. Comment, dans ces conditions, obtenir une consultation des ouvriers ? Une consultation faite dans les ateliers de chaque établissement industriel n'offrirait pas toutes les garanties d'indépendance que l'on devrait exiger.

Enfin, M. Fagnot demande que ce régime facultatif ne soit pas seulement applicable aux femmes et aux enfants, mais à tout le personnel de chaque établissement mixte; en d'autres termes, il est nécessaire de faire disparaître l'expression « mêmes locaux » et les inextricables difficultés pratiques qu'elle soulève.

M. Georges Alfassa. — La première chose que nous devons nous demander c'est : « Y a-t-il lieu d'apporter une modification à la loi de 1900 ? » Le Conseil supérieur du Travail et un certain nombre d'organisations patronales ou ouvrières étant saisis de propositions analogues, notre rôle ne peut être que celui d'une Assemblée consultative absolument impartiale ; nous devons étudier la question intrinsèquement sans nous préoccuper, comme l'a dit M. Fagnot, de savoir jusqu'où le Parlement nous suivra. Nous devons d'abord voir si la loi de 1900 a produit des inconvénients graves, tant au point de vue des patrons qu'à celui des ouvriers, et ensuite chercher s'il y a moyen de les faire disparaître sans nuire aux intérêts des ouvriers et sans porter atteinte aux principes directeurs de la loi de 1900.

Au nom des patrons, M. Strohl a répondu : « Oui, la loi offre des inconvénients graves. » M. Fagnot nous a dit : « Il en est également résulté des conséquences regrettables en ce qui concerne les ouvriers », et il nous a cité l'exemple des tisseurs de Roanne.

Le système de M. Fagnot ne donne pas satisfaction aux patrons, car il ne leur laisse pas la possibilité d'arrêter leur moteur assez longtemps pour réaliser sur le combustible une économie capable de compenser leur accroissement de frais.

Il ne donne pas non plus satisfaction aux ouvriers qui ne disposeraient que d'une fin d'après-midi.

Par contre, la procédure suggérée par M. Fagnot est excellente, car elle permet de connaître l'opinion véritable, librement exprimée, des ouvriers, et cela est essentiel.

Le projet de M. Strohl procure des avantages sérieux aux

deux parties. Sa proposition ne constitue pas un recul de principe, puisque la durée hebdomadaire du travail est maintenue à 60 heures. Toute la question revient à savoir si la journée de 11 heures, même avec le repos compensateur du samedi après-midi, est de nature à anémier les enfants, à entraver leur développement, à nuire à l'avenir de la race. S'il en était ainsi, rien ne pourrait légitimer cette durée de la journée du travail. Mais il est peu vraisemblable que les ouvriers de toute une région, librement consultés, choisissent un système qui leur soit défavorable ou qui nuise à la santé de leurs enfants. Dans l'intérêt de l'apaisement social, de la protection légale bien comprise, il paraît utile d'adopter le système de M. Strohl, qui ne porte atteinte à aucun droit, puisque les ouvriers auront la faculté d'opter entre ce régime et celui qu'a établi la loi de 1900.

A la dernière séance, plusieurs personnes ont demandé que la loi de 1900, amendée ou non par l'adoption d'une des deux propositions, fût étendue à tous les ateliers. D'après eux, ce qu'ils considèrent comme vrai pour les industries textiles l'est aussi pour les autres : la diminution de production qui résulte d'une réduction du nombre des heures de travail, est compensée en partie par le meilleur rendement des ouvriers ; et, pour le surplus, il suffira d'une amélioration ou d'une augmentation de matériel pour que la production ne subisse aucune perturbation.

Sans vouloir entrer dans une discussion énumérative des différentes industries, M. Georges Alfassa pense qu'il y a cependant lieu d'en signaler une, qu'il connaît pour l'avoir pratiquée, et qui occupe une place importante en France : la céramique de bâtiment, briqueterie et tuilerie, pour laquelle cette opinion n'est pas justifiée.

C'est là un exemple type du cas où l'homme se bornant, de manière absolue, à servir la machine, son rendement ne peut pas s'accroître : une diminution du temps de travail correspond fatalement à une diminution de production. Or la très grande majorité des briqueteries emploient pour la cuisson de leurs produits des fours continus que l'on ne laisse éteindre que tous les quatre ou cinq ans pour y effectuer les travaux d'entretien nécessaires. Le rallumage du four nécessite au moins trois semaines et constitue une très forte dépense : de plus les premières fournées sont d'une qualité tout à fait médiocre. Ces fours, d'un système très spécial, ne peuvent pas fonctionner s'ils ne sont pas maintenus pleins de briques. La production est réglée de manière à alimenter le four toute l'année ; elle doit donc atteindre une quantité fixe, toujours la même. Par suite, une diminution dans la production entraînerait l'extinction annuelle du four.

D'autre part, pour cette fabrication on utilise des machines à très gros débit et en nombre fort restreint (3 machines suffisent pour une production annuelle de 7 millions de briques). La production d'une machine supplémentaire dépasserait donc de beaucoup la quantité dont serait réduite celle des autres, et le four ne pourrait pas cuire ce supplément de production. Il faudrait ne faire marcher cette machine qu'une partie de l'année et son acquisition aurait été une dépense fort peu productive.

Mais, pour envisager toutes les hypothèses, admettons que l'industriel aille plus loin et fasse les frais extrêmement élevés (particulièrement élevés par rapport à la petite marge de bénéfices que laissent ces produits pauvres) de la construction d'un nouveau four pour cuire ce surplus de production ; que fera-t-il de ce surplus ? Il ne saura comment l'écouler et cela risquera fort d'amener une surproduction capable de bouleverser les conditions économiques de ce marché et d'entraîner la ruine de beaucoup de petits et de moyens fabricants.

Ces considérations pèseront pour ce qu'elles valent dans le cas d'une discussion sur l'extension de la loi de 1900 ; il pourra peut-être y avoir lieu, dans un intérêt général, de ne pas en tenir compte. Mais on ne peut pas dire que toutes les industries supporteraient sans inconvénient la réduction à 10 heures de la journée de travail.

M. Arquembourg tient d'abord à déclarer qu'il parle en son nom personnel ; représentant un groupe important d'industriels, dont il ne connaît pas les opinions sur la question en discussion, il ne voudrait pas que ses paroles pussent être interprétées comme ayant une portée qu'elles n'ont pas.

Il est d'accord avec M. Strohl sur les avantages de la réforme qu'il préconise, le repos du samedi après-midi. Il ne lui adressera qu'une légère critique, c'est d'avoir peut-être un peu trop insisté sur les avantages qui en résulteraient pour l'industrie. Il lui semble que ces avantages sont un peu illusoires et il ne croit pas que l'arrêt du samedi permette de réaliser une compensation réellement très intéressante des charges que la réduction de la durée du travail hebdomadaires imposera à l'industrie. Il est du reste d'avis que ce n'est là qu'une considération d'ordre secondaire, et que si beaucoup d'industriels et de sociologues sont partisans de cette réforme, c'est parce qu'ils se placent à un point de vue plus élevé.

Il considère qu'il y aurait en effet, de ce fait, un grand progrès social de réalisé. Le repos du samedi après-midi permettra seul d'obtenir pour tous le repos du dimanche, et combien sont nombreux ceux qui, moins heureux que l'ouvrier, n'ont pas même une journée de liberté par semaine!

Ce repos assurera à l'ouvrier des avantages tout particuliers. La femme pourra consacrer son après-midi du samedi aux soins du ménage, le dimanche deviendra pour la famille un véritable jour de repos, dont elle pourra jouir en commun, heureuse de se retrouver au foyer après le rude labeur de la semaine, dans un logement propre et bien entretenu. Il faut moraliser l'ouvrier, l'arracher au cabaret; pour y arriver, il faut l'instruire et développer chez lui le sentiment de la vie de famille, il faut lui donner le moyen de se trouver dans un logement convenable et bien tenu. Ceux qui l'accusent de se laisser entraîner au cabaret seraient peut-être plus indulgents s'ils s'étaient plus mêlés à la vie de l'ouvrier et s'ils connaissaient mieux son logement.

Il voudrait également n'avoir que des éloges à adresser à M. Fagnot, car il est toujours plus agréable de louer que de critiquer, mais s'il constate avec grand plaisir combien l'exposé de la question a été fait avec netteté et impartialité, il ne peut accepter la solution proposée, ni les raisons invoquées pour rejeter la proposition de M. Strohl.

Le repos du samedi limité à une réduction de 3 heures sur la durée de la journée n'est pas une solution pratique et elle ne laissera pas à l'ouvrier assez de liberté pour qu'il en retire un bénéfice réel; elle n'en accorderait aucun à l'industrie.

On nous dit que le législateur n'est pas favorable au repos du samedi, et qu'il l'aurait témoigné en repoussant, en 1892 et en 1900, des propositions qui avaient trait à cette réforme. Notre Association doit étudier les questions en elles-mêmes et proposer les solutions qu'elle croit les meilleures, sans se préoccuper de la possibilité de les faire aboutir immédiatement. Ce qui est juste finit toujours par s'imposer. Cette raison ne serait donc pas suffisante pour nous détourner d'émettre un vœu en faveur du repos du samedi. Mais est-il même certain que l'opinion du Parlement ne s'est pas modifiée?

Jusqu'en 1892, le travail des femmes n'était pas réglementé, on pouvait les faire travailler même le dimanche. Le législateur a pu penser qu'il avait déjà fait une réforme assez large, en étendant aux femmes la réglementation imposée aux mineurs, qu'il ne pouvait pas aller au-delà. En 1900, les mêmes raisons n'existaient plus, cela est vrai; mais les auteurs de la loi du 30 mars tenaient surtout à faire inscrire dans la loi le principe de la journée de 10 heures. C'est ce qui les a conduits à repousser toute combinaison qui aurait écarté ce résultat.

Aujourd'hui, on s'aperçoit que l'on est peut-être allé un peu trop vite et que l'on a agi un peu inconsidérément en légiférant à terme sur la durée de la journée de travail; pourquoi n'accorderait-on pas à l'industrie une solution qui lui permettrait de mieux supporter la réduction de la journée, tout en donnant aux ouvriers une nouvelle satisfaction qu'il ne serait plus possible de leur accorder de longtemps?

On nous dit: « cela serait faire un pas en arrière, car de la journée de 10 heures on reviendrait à celle de 11 heures ».

Cela n'est pas exact, car dans l'une ou l'autre combinaison
on ne demande à l'ouvrier que 60 heures de travail par
semaine ; la différence ne porte que sur le mode de répartition, qui est souvent de peu d'importance pour lui, et il ne
faut pas oublier que les auteurs de la proposition demandent
que l'arrêt du samedi ne soit adopté, de préférence à la réduction journalière, que s'il y a accord entre patrons et ouvriers.
Loin d'être un pas en arrière, cette réforme, par ce fait qu'elle
admet les ouvriers à discuter le mode d'organisation de leur
travail, est au contraire un véritable pas en avant. En légiférant sur la réglementation du travail, on ne s'est guère
occupé de consulter ceux dont on prétend sauvegarder les
intérêts ; il serait peut-être temps à cet égard de permettre
aux ouvriers d'user des droits dont on les entretient si souvent.

La solution de M. Fagnot est insuffisante, et encore croit-
il devoir y ajouter une condition : la réglementation imposée
aux femmes et aux mineurs serait étendue aux adultes travaillant ou non dans les mêmes locaux ; cela ferait disparaître, dit-il, les difficultés auxquelles ces termes ont donné lieu
et qu'il paraît attribuer à la définition donnée par la Cour de
Cassation.

L'organisation du travail du personnel protégé et l'extension de la réglementation sont deux choses absolument dis-
tinctes, qu'il ne faut pas mêler. Si une réforme est utile, il
faut la faire, mais il est imprudent de greffer sur elle une
autre réforme insuffisamment étudiée, dont les conséquences
peuvent être très graves. Étendre la réglementation aux
adultes serait faire renaître les difficultés inextricables auxquelles avait donné lieu une semblable interprétation de la
loi du 30 mars, au moment de sa mise en application, et
auxquelles l'interprétation donnée par la Cour de cassation
a, au contraire, heureusement permis de mettre fin. L'Association ne doit donc pas accepter cette condition.

M. Millerand. Les deux projets qui sont soumis à la
Section ont pour but l'organisation du repos du samedi. C'est
une question extrêmement intéressante, et si on se bornait à
cette formule, ce serait un progrès très considérable ; mais la

question ne se pose pas à notre examen avec cette simplicité. Ce progrès, on veut nous le faire payer.

Il nous reste à examiner si les solutions proposées sont un progrès ou un recul sur la législation ouvrière existante. Il est évident que c'est un recul.

Dans le projet de M. Strohl, il se trouve d'ailleurs une erreur importante. M. Strohl prétend que si la majoration de frais pour les patrons est de 100, la solution qu'il propose leur en ferait récupérer 75, et il se base sur ce que les réparations doivent être faites aujourd'hui le dimanche avec un salaire élevé, tandis qu'elles pourraient, si son projet était réalisé, se faire le samedi à salaire ordinaire. Mais ce raisonnement n'est pas juste. Du moment que la demi-journée du samedi serait chômée, les ouvriers réclameraient, pour les réparations, des tarifs d'heures supplémentaires pour le samedi, comme ils en réclament aujourd'hui pour le dimanche.

Le projet de M. Fagnot offre, de son côté, un grave défaut. L'idée du repos de l'après-midi du samedi est très séduisante, à condition que ce repos soit réalisé. Or, on ne peut pas appeler repos d'un après-midi un repos qui commencerait à trois ou quatre heures du soir. M. Fagnot, par esprit de conciliation, fixe à dix heures et demie par jour la durée du travail et adopte délibérément cette concession définitive. Mais a-t-on le droit de faire cette concession et de revenir ainsi, non seulement sur la loi de 1900, mais encore sur celle de 1892 qui fixait déjà à dix heures la limite de la journée pour la majeure partie des enfants ? M. Strohl va encore plus loin, puisqu'il consolide la journée de onze heures pour tous les enfants.

Il existe une question préjudicielle à ces deux projets. Si l'Association pour la protection légale des travailleurs était composée de purs théoriciens, elle pourrait étudier des projets, prendre des résolutions, sans que cela ait un caractère de gravité. Mais il n'en est pas ainsi. Dans ces conditions, l'heure a-t-elle sonné de toucher à la loi de 1900, avant même qu'elle fonctionne dans son plein ? Cette loi a dû elle-même être en apparence un recul passager sur la loi de 1892, pour que la législation ouvrière pût être sérieusement contrôlée et appliquée.

L'Association pourra envisager les modifications à apporter à la loi de 1900, mais pas avant que cette loi ne soit complètement appliquée, pas avant le 1er avril 1904.

Ce n'est pas au moment où le principe de la loi de 1900 est violemment contesté par une partie de ceux qui doivent l'appliquer, que l'Association pour la protection légale des travailleurs doit sembler la mettre en question.

Si on a écarté jadis la question du samedi, c'est pour laisser intact le principe de la journée de dix heures.

Ce principe est-il bienfaisant? Non?... Alors, il faut réformer la loi. Oui?... Alors, il ne faut pas toucher à la loi avant qu'elle soit complètement appliquée.

Lorsque la loi de 1900 a été instituée, l'industrie française n'a pas été trop brutalement traitée, puisqu'on a pris mille précautions avant d'appliquer la loi et qu'on a accordé à l'industrie plusieurs délais avant d'aboutir à sa complète réalisation. Alors, les délégations patronales ne demandaient que des délais, et un délai de quatre ans ne peut point passer pour insuffisant. Si tous les patrons avaient voulu prendre la loi au sérieux, ils ne se seraient pas trouvés au dépourvu lorsqu'il s'est agi de franchir ses différents paliers. Mais on les a trompés et on les trompe encore, en leur persuadant que la loi ne sera pas strictement appliquée. Dernièrement encore, à un banquet d'industriels, M. le Ministre du Commerce a été obligé d'avertir ses hôtes qu'ils devaient sérieusement penser à l'échéance du 1er avril 1904.

Si on veut l'abrogation de la loi de 1900, il faut le dire franchement. Mais ce n'est pas le rôle de l'Association de contester le progrès réalisé en faveur des ouvriers, et ce ne sont certainement pas ses intentions.

M. Bourguin est partisan d'un système de 10 heures et demie de travail les cinq premiers jours de la semaine et de 6 heures le samedi. Cela ne ferait que 58 heures et demie par semaine. Il est évident, ajoute M. Bourguin, qu'avec 7 heures et demie de travail le samedi, il n'y a pas véritablement de repos. Le système qu'il préconise aurait l'avantage de permettre le repos de la demi-journée du samedi, et de n'exiger qu'un sacrifice de une heure et demie de travail, par semaine, pour les industries en cause.

M. P. Coupat, secrétaire de la Fédération des ouvriers mécaniciens de France. — Si on laissait aux patrons de l'industrie textile le soin de consulter leurs ouvriers sur le repos de l'après-midi du samedi et la prolongation de la journée d'une heure, soit onze heures de travail les cinq premiers jours de la semaine et cinq heures dans la matinée du samedi, les ouvriers tisseurs, étant donnée l'insuffisance de leur organisation professionnelle, répondraient selon les désirs et la volonté de leurs patrons. Toute consultation de ce genre nous paraît impossible; il suffit pour s'en convaincre de se reporter à l'époque de la promulgation de la loi du 9 avril 1898.

Beaucoup d'industriels avaient organisé un pétitionnement parmi leurs ouvriers, parce qu'ils n'étaient pas organisés, pour faire abroger cette loi.

Le principal obstacle contre la loi du 30 mars 1900 est la routine de nos industriels. Ainsi l'industrie mécanique — exception faite pour l'automobile — est en état d'infériorité à l'égard de l'Angleterre et de l'Amérique, qui importent en France leurs machines-outils, bien supérieures aux machines françaises en général, malgré les droits de douane et les frais de transport. Cependant ces machines sont construites par des ouvriers qui font en moyenne 56 heures par semaine en Angleterre et 53 heures en Amérique. Le taux des salaires de ces ouvriers est considérablement plus élevé qu'en France; cela n'empêche pas les constructeurs-mécaniciens anglais et américains de faire en général de bonnes affaires.

Pour maintenir leur suprématie, ils modifient et ils adaptent constamment leur outillage aux nécessités et aux exigences modernes du travail; ils ne surmènent pas leurs ouvriers. En France, c'est le contraire. Certains constructeurs-mécaniciens récriminent, au sein de leur chambre syndicale, contre l'engouement de quelques-uns de leurs confrères,

constructeurs d'automobiles, pour les machines-outils améri-
caines et anglaises, ce qui ne les empêche pas d'acheter des
machines-outils de fabrication belge, machines de qualité
inférieure, de rendement rudimentaire. mais elles ne coûtent
pas cher, moins cher que les machines françaises, bien
qu'elles se rapprochent de leur type de construction. Ils en
sont réduits à enlever les marques avant de les installer dans
leurs ateliers, pour sauvegarder leurs principes.

Une des causes de l'infériorité de la mécanique française,
c'est le travail aux pièces et les malfaçons qui y sont inhé-
rentes. L'ouvrier ne se préoccupe que de gagner sa vie ; la
production se fait au détriment de la qualité. Il arrive même
que l'ouvrier qui veut augmenter son salaire et sa production
journaliers de 10 %, par exemple, verra les prix de ses travaux réduits de 15 °/, et 20 °/, parce qu'au-delà d'une limite
de gain, tous les patrons diminuent. Il en résulte que les
ouvriers ne sont pas intéressés à augmenter la production,
puisque tout effort dans ce sens a pour résultat une diminution de salaire et un surcroît de fatigues.

Nos patrons exigent aussi parfois des journées de quatorze
heures, escomptant que la quatorzième heure sera aussi productive que la première, ce qui est une grave erreur, car
l'ouvrier, d'abord, est incité naturellement à épargner ses
forces; de plus, ce surmenage l'épuise, le paralyse sans profit
appréciable pour la production.

Ce sont ces procédés qui nous ont dépossédés de la fabrication de la machine à coudre, d'origine bien française, au
profit de l'Allemagne et de l'Amérique.

Ce sont ces procédés qui nous déposséderont de la construction des automobiles, parce qu'on exige trop souvent des
ouvriers des heures supplémentaires, causes de malfaçons
souvent constatées. Les heures supplémentaires sont d'autant
plus facilement imposées que les inspecteurs du travail de
Paris les tolèrent facilement, sauf trois ou quatre exceptions
très honorables.

Cependant on constate à Nouzon, par exemple, que la
journée de dix heures — elle était de douze en 1900 — n'a pas

diminué la production ; elle a permis, au contraire, de rétablir la vie familiale.

Il est vrai que M. Strohl n'est pas du même avis pour l'industrie textile, et pourtant l'Angleterre nous fournit encore un exemple, que les courtes journées de travail ne diminuent pas la production. La vérité est qu'il faut donner à l'ouvrier de forts salaires pour qu'il puisse s'alimenter convenablement ; il pourra alors se livrer à un travail intensif. En résumé, nous sommes hostiles à toute loi qui permettrait de faire travailler des femmes et des enfants onze heures par jour pour les faire reposer une demi-journée le samedi. Quand la journée de dix heures sera entrée dans les mœurs et sera d'une application générale, nous accueillerons alors avec joie toute proposition de repos le samedi.

M. Raoul Jay croit aussi qu'il y aurait imprudence à remettre sur le chantier la loi de 1900 avant que cette loi n'ait reçu sa complète application.

Il tient surtout à faire remarquer qu'il n'y a aucun lien nécessaire entre la question de la réduction de la journée de travail du samedi et celle de la réglementation hebdomadaire de la durée du travail. La réduction de la journée de travail du samedi présente, par elle-même, un très grand intérêt. Elle apparaît comme la garantie de la réalité du repos du dimanche. N'est-il pas évident, par exemple, que le repos du dimanche ne sera pour la famille ouvrière tout le bienfait qu'il peut être qu'à la condition que la mère aura pu, dès le samedi, consacrer aux soins de son ménage les quelques heures nécessaires, mettre en état le logis dans lequel, après une semaine de labeur, tous les membres de la famille vont enfin se trouver, pour un jour, réunis ?

L'intérêt considérable que présente, à ce point de vue, la réduction de la journée de travail du samedi a été aperçu dans plusieurs des pays avec lesquels la France se trouve en concurrence industrielle. Il ne semble pas qu'on ait, dans ces pays, songé à faire payer cette réduction par une augmentation de la durée du travail des jours précédents. En Suisse, la loi de 1877 qui limitait à onze heures la journée de travail dans les fabriques, défendait de dépasser, le samedi, le maximum de dix heures. Les Assemblées fédérales sont aujourd'hui saisies de propositions tendant à réduire à neuf heures la journée de travail du samedi. Il n'est pas pour cela question de prolonger la durée du travail des cinq premiers jours de la semaine.

Laissons donc la journée de dix heures entrer dans la pratique de l'industrie française. Ce résultat obtenu, il sera temps d'appeler l'attention du Parlement sur les graves considérations qui justifient une réduction spéciale de la journée de travail du samedi.

A la suite de la discussion que nous venons de résumer, l'Association nationale française pour la protection légale des travailleurs a adopté la résolution suivante :

« L'Association pour la protection légale des travailleurs,
» convaincue des avantages de la limitation des heures de
» travail, édictée par la loi du 30 mars 1900, est d'avis que
» cette loi doit être appliquée sans modification le 30 mars 1904
» et que toute discussion, sur les conditions dans lesquelles
» pourrait être établi le repos du samedi, soit remise à
» l'époque où la loi de 1900 sera complètement appliquée. »

[...]emblée générale se réunit, sur la convocation du Comité direc[teur], à l'époque fixée par ce Comité et au moins une fois par an.

ART. 8

[Le] Comité directeur est composé de vingt-quatre membres.

[La] représentation proportionnelle est appliquée à l'élection des membres [de ce] Comité, si 50 membres de l'Assemblée générale en font la [demande].

[Les] membres du Comité directeur sont élus pour trois ans.

[Par] mesure transitoire, le Comité directeur nommé par la première [a]ssemblée générale ne sera composé que de douze membres ; une nouvelle [a]ssemblée générale, réunie au plus tard en janvier 1902, sera appelée [à com]pléter le Comité par la nomination de douze nouveaux membres. [Pour] cette élection complémentaire et pour les élections ultérieures, [le vo]te par correspondance sera admis.

ART. 9

[Le] Comité directeur est renouvelé par tiers tous les ans.

[Le]s membres sortants sont désignés par le sort et sont rééligibles.

[Le] premier renouvellement par tiers aura lieu en janvier 1903.

ART. 10

[Le] Comité directeur nomme son bureau et en détermine la composi[ti]on et les attributions.

[Le] Comité directeur se réunit sur la convocation du président et du [s]ecrétaire. Il devra être réuni lorsque dix membres en feront la [de]mande.

ART. 11

[L']Assemblée générale élit, sur la proposition du Comité directeur, [le]s représentants de l'Association au sein du Comité de l'*Association [In]ternationale*.

[La] représentation proportionnelle peut, sur la demande de 50 mem[bres], être appliquée à cette élection comme à celle du Comité directeur.

ART. 12

[Le] Comité directeur gère les fonds de l'Association. Il doit rendre [co]mpte une fois par an, à l'Assemblée générale, de son administration.

ART. 13

[Le] Comité directeur tranche les questions non prévues par le présent [rè]glement, sous réserve du droit de contrôle de l'Assemblée générale.

ART. 14

[Le]s présents statuts ne peuvent être révisés en tout ou partie par [l']Assemblée générale qu'à une majorité représentant les deux tiers des [vot]ants et quand la proposition de révision aura été insérée dans la [con]vocation.

LISTE DES MEMBRES DU COMITÉ DIRECTEUR DE L'ASSOCIATION

Paul CAUWÈS, professeur à la Faculté de Droit de l'Université,
président.

Ed. BRIAT, secrétaire général du Syndicat des ouvriers en instruments de
précision, membre du Conseil supérieur du travail et de la Commission
supérieure du travail dans l'industrie, **vice-président**.

A. LIÉBAUT, ingénieur, membre du Comité consultatif des arts et manufactures et de la Commission supérieure du travail dans l'industrie,
vice-président.

Raoul JAY, professeur à la Faculté de Droit de l'Université de Paris,
membre du Conseil supérieur du travail, **secrétaire général**.

Léon de SEILHAC, publiciste, délégué permanent du service industriel
et ouvrier du *Musée social*, **trésorier**.

Louis BARTHOU, député.

Adéodat BOISSARD, professeur à la Faculté libre de Droit de Lille.

Arthur FONTAINE, directeur du Travail au Ministère du Commerce et
de l'Industrie.

Arthur GROUSSIER, ancien député.

Auguste KEUFER, délégué permanent de la Fédération française du Livre.

Hubert LAGARDELLE, directeur du *Mouvement socialiste*.

Henry LÉAUTÉ, membre de l'Institut, directeur de la Société des
téléphones.

Abbé LEMIRE, député.

André LICHTENBERGER, directeur-adjoint du *Musée social*.

Henri LORIN, ancien élève de l'École Polytechnique, membre du Conseil
de perfectionnement du Collège libre des Sciences sociales.

Étienne MARTIN SAINT-LÉON, bibliothécaire du *Musée social*.

Comte A. de MUN, député.

C. PERREAU, ancien député, professeur à la Faculté de Droit de Paris.

Eug. PETIT, docteur en Droit, ancien chef du cabinet du Ministre du
Commerce.

Paul PIC, professeur à la Faculté de Droit de l'Université de Lyon.

Édouard VAILLANT, député.

Richard WADDINGTON, sénateur.

PUBLICATIONS DE L'ASSOCIATION NATIONALE FRANÇAISE
pour la protection légale des Travailleurs

I. **La protection légale des femmes avant et après l'accou-
chement.** — Rapport de M. le Dr FAUQUET.

II. **La réglementation hebdomadaire de la durée du
travail. — Le repos du samedi.** — Rapports de M.
STROHL, industriel, et de M. FAGNOT, de l'Office du travail.

III. **L'âge d'admission des enfants au travail industriel.
— Le travail de demi-temps.** — Rapport de M.
MARTIN-SAINT-LÉON.